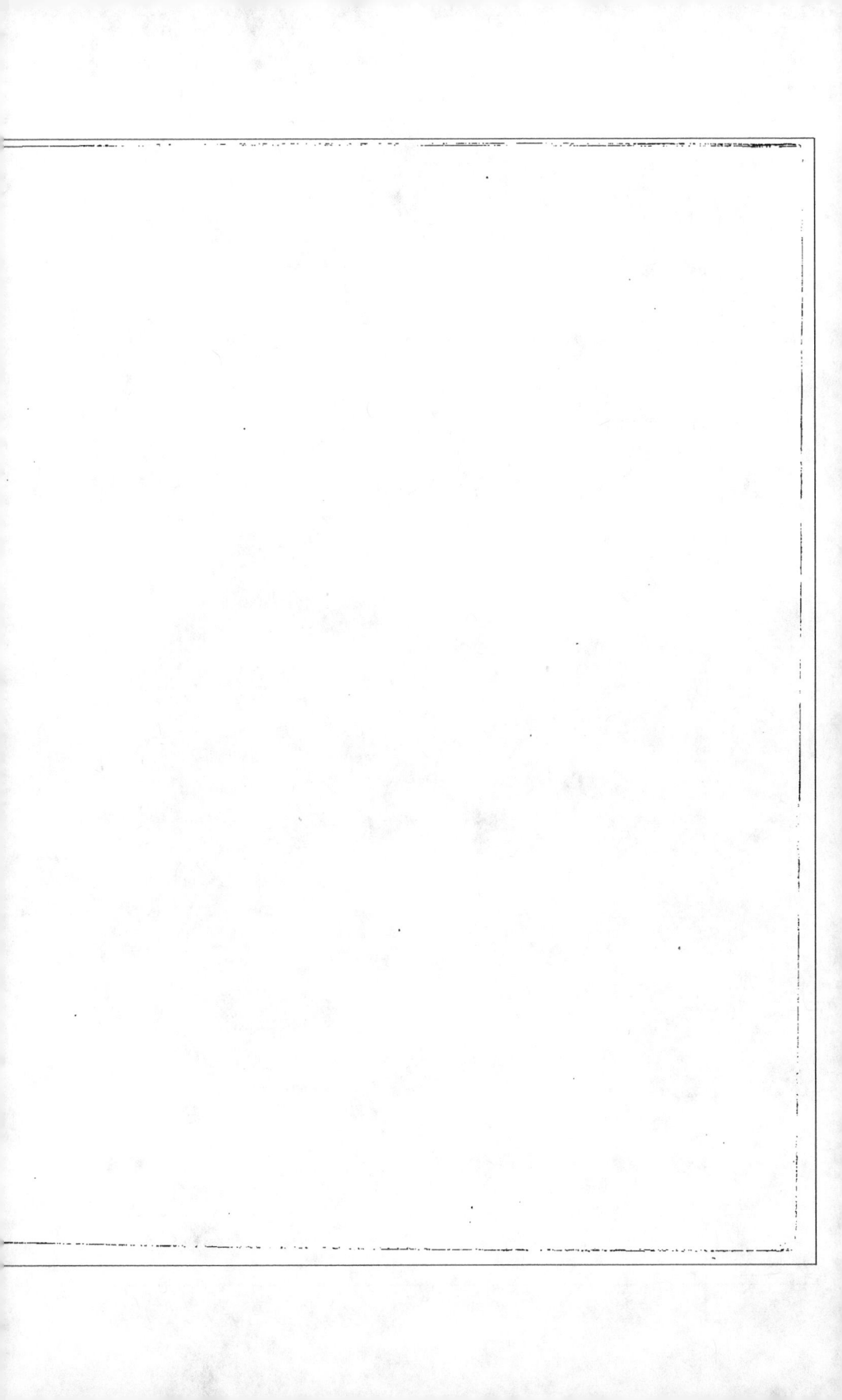

GUERRE DE 1870-1871

COMITÉ DÉPARTEMENTAL

DE

SECOURS AUX BLESSÉS MILITAIRES

DES ARMÉES DE TERRE ET DE MER

ET A LEURS FAMILLES

VILLE D'ANGOULÊME

COMPTE-RENDU DES TRAVAUX DU COMITÉ

PRÉSENTÉ PAR M. PAUL SAZERAC DE FORGE, PRÉSIDENT

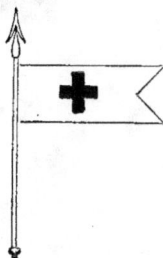

ANGOULÊME

IMPRIMERIE CHARENTAISE DE A. NADAUD & Cᵉ

REMPART DESAIX, 26

1872

RAPPORT

A M. LE PRÉFET DE LA CHARENTE

MONSIEUR LE PRÉFET,

Organisé en exécution de la circulaire ministérielle du 5 août 1870, notre Comité fonctionne depuis le 10 du même mois. Il vient de délivrer ses derniers mandats ; son œuvre peut être considérée comme complétement terminée. Elle aura duré environ deux ans.

Les membres nommés, et qui ont continué jusqu'au dernier jour leur œuvre de dévouement, sont :

MM. LECLERC-CHAUVIN.
    GAILLARD, président du tribunal civil.
    PAUL SAZERAC DE FORGE.
    BROQUISSE.
    GANIVET.
    EDGARD LAROCHE-JOUBERT.
    MARROT.
    ADHÉMAR SAZERAC DE FORGE.
    POL D'HÉMERY.
    MAILLARD.
    ÉDOUARD MARTELL.
    GAILLARD, de Barbezieux.
    Le comte DU LAU, colonel en retraite.
    MAINGAUD,   id.
    ROBUSTE,   id.
    DARAS, ancien officier de marine.
    NADAUD.
    MATHÉ-DUMAINE, avoué.
    DELIGNE, négociant.
    FÉLINEAU.
    VIGNERON, docteur-médecin.

Le Comité avait formé son bureau de la manière suivante :

    Président d'honneur ..... M. LECLERC-CHAUVIN.
    Président .... M. GAILLARD, président du tribunal civil.
    Vice-Président .... M. PAUL SAZERAC DE FORGE.
    Secrétaires .... MM. GANIVET, EDGARD LAROCHE-JOUBERT.

A la fin de 1871, M. Gaillard ayant été nommé conseiller à la cour de Bordeaux, fut remplacé par M. Paul Sazerac de Forge. Précédemment, l'un des secrétaires, M. Ganivet, ayant été nommé député, avait été remplacé par M. Daras.

L'œuvre du Comité peut être divisée en quatre parties :

1° Appel à la charité publique, offrandes diverses, dons de l'État ;

2° Secours aux familles indigentes des militaires, marins, gardes mobiles et gardes nationaux mobilisés pendant la durée de la guerre ;

3° Organisation des ambulances, passages de blessés à la gare ;

4° Secours aux familles des soldats ou mobiles morts pendant la guerre et aux blessés du département.

1° Appel à la charité publique, offrandes diverses, dons de l'État.

La circulaire du Comité provoqua un grand élan de générosité dans tout le département ; les dons en argent et en nature ne tardèrent pas à arriver de tous côtés. Pendant que notre trésorier encaissait des sommes importantes, notre garde-magasin recevait des charrettes de vin, d'eau-de-vie et de linge, qui étaient immédiatement dirigées, avec la marque du Comité, sur les points où se trouvaient les grandes ambulances de l'armée.

Dans les pensions, dans les écoles, dans les couvents, dans un grand nombre de maisons particulières, les femmes, les enfants se réunissaient pour faire de la charpie, pour préparer des bandes à pansement. Pendant que tous les cœurs battaient pour le succès de nos armées, on peut dire que toutes les mains étaient occupées à approvisionner les ambulances des remèdes les plus nécessaires pour les pauvres blessés.

Nous ne pouvons donner ici le détail de tous les secours en nature qui ont été recueillis par le Comité départemental et répartis par ses soins, mais on en appréciera l'importance quand on saura que leur valeur, estimée par experts, en argent, représente une somme de 132,000 fr.

Les souscriptions en argent se sont élevées à la somme de 128,358 fr. 40 c. Nous dirons plus tard comment cette somme a pu être augmentée par des intérêts, des bénéfices de placements, etc. Pour le moment, nous n'avons qu'une seule observation à ajouter, c'est que la souscription de plusieurs villes très généreuses, telles que Cognac et Jarnac, a été dirigée en dehors du Comité d'Angoulème sur Paris, et qu'une somme de 50,174 fr. 20 c., versée entre les mains des percepteurs, a pris, par suite d'instructions données à la Trésorerie générale, la même route.

Si donc on voulait se rendre compte approximativement du montant des souscriptions en argent et en nature recueillies soit par le Comité, soit en dehors de lui dans le département de la Charente, on ne pourrait pas l'estimer à moins de *trois cent cinquante mille francs*.

A ces ressources il faut en ajouter une autre provenant des fonds votés par le Corps législatif en faveur des familles nécessiteuses des militaires et mobiles sous les drapeaux.

Le Comité départemental, ayant été chargé par M. le Préfet de la répartition de ces fonds, a distribué pour 29,000 fr. de mandats, représentant exactement la somme allouée par l'État pour secours aux familles des soldats, mobiles ou mobilisés du département de la Charente.

2ᵉ Secours donnés pendant la guerre.

Le Comité de secours, dès ses premières séances, s'occupa de faire connaître par des journaux et par des affiches son projet de venir en aide aux familles des militaires sous les drapeaux. Les demandes ne tardèrent pas arriver et furent examinées avec la plus scrupuleuse attention, et les secours alloués furent proportionnés aux besoins.

Ces secours étaient mensuels, mais pouvaient être renouvelés.

Les demandes se sont élevées au nombre de 910. 784 ont été admises, 126 ont été repoussées.

Le maximum des secours mensuels a été de 50 fr., le minimum de 10 fr.

Beaucoup de mandats ayant été renouvelés, le nombre total des secours a été de 1,868 et la somme distribuée de 40,909 fr. ; ce qui fait une moyenne par secours de 21 fr. 90 c.

Il résulte de l'examen de nos livres que :

106 familles ont été secourues	1 fois.
155	id.	2 fois.
114	id.	3 fois.
101	id.	4 fois.
80	id.	5 fois.
37	id.	6 fois.
12	id.	7 fois.

Un certain nombre de mandats nous ont été retournés par les maires; ils ont été annulés et ne figurent pas dans le tableau ci dessus.

3° Organisation des ambulances. — Secours aux blessés de passage à la gare.

Dès le commencement de la guerre, 852 lits furent offerts, tant à Angoulême que dans le département, pour les blessés de l'armée.

Ces offres généreuses furent acceptées en principe; mais on ne tarda pas à reconnaître que le service médical deviendrait impossible si les blessés étaient répandus sur un trop grand nombre de points, et l'on décida que ce qu'il fallait organiser avant tout, c'était une série d'ambulances de 25 lits au minimum.

Les administrateurs des hospices et hôpitaux d'Angoulême se chargèrent de cette organisation. Ils s'entendirent à cet effet avec M. l'intendant militaire de la subdivision, et ils demandèrent, pour les aider dans leur œuvre, le concours de quelques membres de la

Société de secours, concours qui, nous n'avons pas besoin de le dire, leur était acquis à l'avance.

Il fut convenu avec M. l'intendant et les administrateurs de l'hospice : 1° que l'hôpital formerait un centre vers lequel seraient dirigés tous les malades ; 2° que les ambulances créées dans la ville seraient considérées comme des annexes de l'hôpital ; 3° que les malades y seraient envoyés par l'administrateur de service ; 4° que l'État allouerait à l'établissement une somme de 1 fr. 30 c. par malade et par jour ; 5° que la comptabilité serait présentée à l'intendant, dans les formes ordinaires, par l'administration des hospices.

M. de Rochebrune, interne des hôpitaux d'Angoulême, ayant publié un excellent ouvrage sur les ambulances pendant la guerre, nous lui empruntons quelques renseignements qui nous paraissent avoir leur place marquée dans le présent rapport :

FORMATION DES AMBULANCES.

Le service médical pour les malades et blessés de l'armée évacués pendant la durée de la guerre de 1870-1871 sur les ambulances d'Angoulême a commencé à fonctionner le 1er octobre 1870, pour s'arrêter le 20 août 1871, c'est-à-dire pendant une période de 10 mois et 20 jours, ou 324 jours.

Toutes n'ont pas été ouvertes aux mêmes époques ; celle de leur fermeture n'est pas également la même. Le tableau suivant donne les dates de leur création et de leur clôture, ainsi que le nombre des journées pendant lesquelles elles ont fonctionné :

	DATES de L'OUVERTURE.	DATES de la FERMETURE.	DURÉE EN MOIS et fractions de mois.	DURÉE en JOURS.
* Hôtel-Dieu d'Angoulême..............	1er oct. 1870	20 août 1871	10 mois 20 jours	324
Ambulance des Sœurs de la Croix	15 oct. —	30 avril —	6 — 17 —	198
	7 juin 1871	14 août —	2 — 11 —	72
— des Sœurs du Sacré-Cœur....	24 oct. 1870	31 mai —	7 — 8 —	220
— du Noviciat................	24 oct. —	31 mars —	5 — 8 —	159
— du Séminaire	26 oct. —	30 avril —	6 — 6 —	187
— de l'Internationale de secours aux blessés.............	29 oct. —	20 août 1871	10 — 3 —	295
— des Sœurs du Carmel........	7 nov. —	31 mars —	4 — 24 —	144
— des Sœurs Ursulines dites de Chavagnes..............	25 nov. —	24 fév. —	3 — 6 —	105
— de l'Orphelinat.............	12 déc. —	22 mars —	3 — 20 —	101
— de la Loge de l'Étoile........	14 déc. —	18 mars —	3 — 18 —	95

Chacune de ces ambulances était visitée tous les jours par des membres de l'administration de l'hospice. A l'ambulance de l'Internationale, ce service était fait par des membres du Comité.

---

* Le présent tableau s'arrête pour l'ambulance de l'Hôtel-Dieu au 20 août 1871 ; notre travail portera sur 11 jours de plus, ce qui changera un peu le nombre des journées.

Nous ne mentionnons pas ici les ambulances de la Gare, celle des Lits militaires, ainsi que les ambulances particulières, qui formeront l'objet d'un chapitre à part.

PERSONNEL MÉDICAL DES AMBULANCES.

Hôtel-Dieu d'Angoulême................................. D⁽ˢ⁾ VIGNERON, BESSETTE, FOURNIER, MACHENAUD. — Internes: DE ROCHEBRUNE et AUDIGIER. — Chef-major : GANIVET.

Ambulance des Sœurs de la Croix................. D' MACHENAUD. — Aides: MAINTENON et VALETTE.

  — des Sœurs du Sacré-Cœur........... D' VIGNERON. — Médecin-adjoint : DE FLEURY. — Aides : SALLE, BOUCAUD.

  — du Noviciat............................... D' FOURNIER. — Aides: CHABOTTE, BRIAND.

  — du Séminaire............................. D' DUVIVIER. — Aides: E. HILLAIRET, VALETTE. — Infirmier-major : MATHIEU.

  — de l'International de secours aux blessés............................ D' MACHENAUD. — Aide : Léonce HILLAIRET.

  — des Sœurs Ursulines dites de Cha-vagnes (première ambulance).... D' EYRIAUD. — Aides : Valentin BORDAS.

  — de l'Orphelinat.......................... D' DUVIVIER. — Aide : ROUSSEAU.

  — de la Loge de l'Étoile................. D⁽ˢ⁾ FOURNIER, DE LONGPRÉ. — Aides : AUDIGIER, DESGENTILS.

  — des Sœurs du Carmel................. D' EYRIAUD. — Aide-major: VALLANTIN. — Aide : CHAILLOT. — Pharmacien-chef : Gabriel HILLAIRET.

MOUVEMENT DES MALADES.

Le nombre total des admissions aux diverses ambulances, pendant la période de 10 mois et 20 jours, a été de 3,253 hommes.

En les répartissant par trimestres et par armes, on obtient le résultat suivant :

	ENTRÉES				TOTAL
	4ᵉ trimestre 1870.	1ᵉʳ trimestre 1871.	2ᵉ trimestre 1871	3ᵉ trimestre 1871.	des ENTRÉES.
Infanterie.............................	1,188	1,247	211	152	2,798
Cavalerie et remontes...............	7	77	144	76	304
Artillerie et train d'artillerie..............	7	26	17	14	64
Génie..............................	7	8	3	2	20
Train des équipages.................	3	21	1	2	27
Gendarmerie........................	1	3	2	4	10
Ouvriers d'administration.............	»	3	6	5	14
Marins et équipages de la flotte...........	1	4	»	1	6
Service de santé.....................	1	5	»	»	6
Intendance.........................	»	3	»	1	4
RÉCAPITULATION........	1,215	1,397	384	257	3,253

JOURNÉES DE TRAITEMENT.

Le nombre total des journées de traitement des 3,253 hommes entrés pendant le 4ᵉ trimestre 1870, les 1ᵉʳ et 2ᵉ trimestres 1871 et les mois de juillet et août 1871, a été, d'après les états fournis à M. l'intendant, de 74,473 journées d'officiers, sous-officiers et soldats. —

Le montant des sommes remboursées aux ambulances, hôpital et annexes a été, y compris les frais de sépulture, de 101,003 fr. 50 c.

Détail par trimestre.

	JOURNÉES D'OFFICIERS.	JOURNÉES DE TROUPE.	DÉCÈS.	MONTANT des SOMMES PAYÉES.
4ᵉ trimestre 1870.............	178	24,614	138	33,724 f. 20 c.
1ᵉʳ — 1871.	418	28,696	162	39,807 80
2ᵉ — 1871.........	224	12,142	33	16,641 60
3ᵉ — juillet et août 1871.	98	8,073	10	10,829 90
Total...........	918	73,555	313	101,003 50

Le total de la mortalité des hommes admis aux ambulances s'élève au chiffre de 343 ; ce qui, sur les 3,253 entrées, donne la proportion de 10.52 0/0.

La variole seule donne 3.20 0/0 de décès sur 631 entrées.

La pourriture d'hôpital a fait sa première apparition le 28 mai 1871, 220 jours après l'ouverture des ambulances. L'administration s'est empressée de transporter les grands blessés dans une ambulance qui n'avait jamais été habitée : l'école de Saint-Ausone, dont le cubage d'air était de 40 mètres 520 décimètres cubes par lit. Le résultat n'a pas répondu aux espérances qu'elle avait conçues.

Nous sommes heureux de dire que le service médical a été à la hauteur de sa belle et grande mission. Chirurgiens, médecins, élèves en médecine se disputaient l'honneur de mettre leur science et leur dévouement au service des glorieuses victimes de la guerre, et ils ne l'ont pas fait sans succès, car les chiffres de mortalité de nos ambulances sont inférieurs à ceux de plusieurs villes dont nous avons sous les yeux les statistiques.

Le service hospitalier a été également au-dessus de tout éloge. Les sœurs de Sainte-Marthe (hôpital et noviciat), les sœurs de la Sagesse, de la Croix, les Ursulines de Jésus, les Carmélites, les sœurs de Chavagnes ont consacré tout ce que la religion donne de forces au soulagement des blessés, et nous avons constaté la plus noble émulation entre les sœurs qui d'ordinaire ne s'occupent que de l'éducation des enfants et celles qui ont voué leur existence au service des pauvres malades.

PASSAGE DE BLESSÉS A LA GARE. — AMBULANCES DE LA GARE, DES LITS MILITAIRES. — GRANDE AMBULANCE DE CHAVAGNES.

Dès les premiers jours de la formation de l'armée de la Loire, les hôpitaux et ambulances des départements du Loiret, d'Indre-et-Loire, d'Eure-et-Loir, de la Sarthe devinrent insuffisants. L'intendance comprit l'obligation dans laquelle elle était d'évacuer ses blessés sur le Midi et de leur assurer, sur certains points du parcours, du bouillon, du vin ou du café, de la viande et du pain. M. Babaud-Laribière, préfet de la Charente, et M. le général

Lartigue, surpris par une dépêche qui annonçait dans un délai de quelques heures le passage à la gare de 4,000 malades, demandèrent à la Société de secours de se charger de leur nourriture. Grâce à l'activité des sœurs de l'ambulance du Comité et de l'ambulance du Séminaire, le service des 4,000 rations fut opéré au passage du train. Mais comme de pareilles dépêches se succédèrent de jour en jour, la société s'entendit avec M. l'intendant pour construire des fourneaux à la gare même, ce qui facilita énormément le service et permit de distribuer pendant les mois de décembre 1870 et janvier 1871 la quantité considérable de 36,147 repas aux soldats de passage ou résidant à l'ambulance de la Gare.

Les prix par repas furent fixés entre l'intendance et notre société à 20 c. pour les passagers et à 50 c. pour les malades résidants. Nous n'avons pas besoin de dire que notre société dépensait beaucoup plus ; mais elle avait voulu qu'il en fût ainsi pour participer à cette très bonne œuvre.

L'Intendance et la Préfecture avaient, à la même époque, organisé des ambulances à la Gare, aux Lits militaires à Chavagnes et sur un certain nombre de points du département. Mais il ne nous appartient pas de parler de ces ambulances, puisque nous sommes restés étrangers à leur organisation et à leur gestion. Nous pouvons dire seulement que toutes les fois que nous avons pu leur envoyer des vêtements et du linge, nous l'avons fait avec le plus grand empressement.

Enfin, pour terminer ce chapitre des ambulances, nous ajoutons que le Comité avait organisé une ambulance volante pour le 18e régiment de mobiles de la Charente ; que cette ambulance a été conduite à Saint-Lyé, devant Orléans, par un des membres de notre société, et remise par lui à l'honorable M. d'Angély, colonel du 18e régiment.

4° Secours aux familles des soldats ou mobiles morts pendant la guerre et aux blessés du département.

Notre dernière œuvre était de venir en aide aux familles des soldats ou mobiles morts pendant la guerre (et, hélas ! elles sont nombreuses dans notre département) et aux blessés, dont la situation est d'autant plus intéressante que ceux mêmes qui ont droit à des secours temporaires ou à des pensions ne reçoivent que des sommes insuffisantes pour les faire vivre.

Pour nous éclairer sur la situation de chaque famille, nous avons dû faire dans chaque commune une enquête longue et minutieuse. On comprend aisément que si nous nous étions trop hâtés, nous aurions couru le risque de donner trop aux uns et pas assez aux autres.

Il y a fort peu de temps, il nous manquait encore 40 dossiers d'enquête qui arrêtaient tout notre travail.

Le Comité a divisé ses secours en cinq catégories :

La 1re donnant droit à 600 fr.
La 2e   id.   à 400 fr.
La 3e   id.   à 250 fr.
La 4e   id.   à 125 fr.
La 5e   id.   à 60 fr.

Dans la première catégorie ont été placés les veuves avec enfants, les pères et mères très pauvres ayant perdu plusieurs fils pendant la guerre.

Dans la cinquième catégorie ne figurent que des hommes blessés légèrement ou des parents dans une situation qui n'est pas la misère.

Les autres catégories représentent des situations intermédiaires.

Le classement arrêté par le Comité a été le suivant :

24 demandes ont obtenu,	le n° 1, à 600 fr		14,400 f.
48	id.	le n° 2, à 400 fr	19,200
97	id.	le n° 3, à 250 fr	24,250
177	id.	le n° 4, à 125 fr	22,125
98	id.	le n° 5, à 60 fr	5,880
444		Total	85,855

Tous ces mandats n'ont pas été payés, par suite du départ ou du décès de quelques-uns des titulaires ; nous n'aurons le chiffre réel des secours distribués que lorsque la Recette générale nous aura transmis tous les mandats restés sans emploi. Mais nous serons bien près de la vérité en disant que, de ce chef, nos secours se sont élevés à la somme de 85,000 fr.

En résumé, Monsieur le Préfet, et en attendant que nous déposions aux archives de la préfecture les livres de notre trésorier, ainsi que les pièces comptables qui doivent les accompagner, nous pouvons dire que les recettes du Comité départemental se sont élevées en argent et en nature (en chiffres ronds) à 300,000 fr., et que les dépenses, qui ont été d'égale somme, se sont divisées à peu près comme suit :

Secours en nature : vin, eau-de-vie, vêtements, linge	132,000 f.
Pendant la guerre : secours aux familles des soldats, mobiles et mobilisés..	41,000
Pendant la guerre : frais d'établissement d'ambulances, nourriture et médicaments, nourriture des blessés de passage à la gare	42,000
Après la guerre : secours aux familles des morts et aux blessés	85,000
Somme égale aux recettes	300,000

Les frais d'administration ont été nuls : médecins, sœurs de charité, secrétaires, infirmiers volontaires, tous ont donné à notre œuvre le concours le plus dévoué et le plus désintéressé. Qu'ils reçoivent ici l'expression de notre reconnaissance.

Quant à nous, Monsieur le Préfet, notre récompense, si tant est que nous en méritions, sera dans la pensée que, n'ayant pas pu défendre les armes à la main notre chère patrie, nous avons adouci du moins les derniers jours de ces pauvres enfants qui, loin de leur famille, épuisés par la faim, par le froid, par d'affreuses blessures, sont venus s'éteindre dans nos ambulances en nous appelant leurs amis.

Pour le Comité départemental et en son nom :

Le Président,

P. SAZERAC DE FORGE.

Angoulême. — Imp. A. NADAUD et Cie.

www.ingramcontent.com/pod-product-compliance
Lightning Source LLC
Chambersburg PA
CBHW060724280326
41933CB00013B/2556